神奇百科魔法书

魔光童书 / 编著

吉林出版集团股份有限公司 | 全国百佳图书出版单位

阿根廷龙

Argentinosaurus

生活时期： 白垩纪早中期

栖 息 地： 阿根廷

栖息环境： 平原、森林

食　　物： 针叶植物

种　　类： 蜥脚类

阿根廷龙最显著的特征是体形巨大，四肢粗壮，号称“巨无霸”，它们行走起来地动山摇，被誉为“行走的小山丘”。它们主要以树叶为食，经常几十只组成一个群体寻找食物，有时候巨大的阿根廷龙还会用身体推倒树木，吃顶端的嫩叶。

棘　龙

Spinosaurus

生活时期： 白垩纪早期

栖 息 地： 非洲

栖息环境： 海滨和河流的附近

食　　物： 鱼类

种　　类： 兽脚类

棘龙长相怪异，有一个巨大的脑袋，大大的嘴巴里长着锋利的牙齿。最奇怪的是它的背部，上面竖着很多骨头，骨头外面包着一层表皮，看上去就像小船上扬起的帆，十分威风。有人猜测棘龙的背帆是用来储存能量的，还有人猜测它是用来求偶的，而最普遍的猜测是它具有散热作用，可以调节体温。

长信宫灯

汉代宫廷的青铜灯具
中华第一灯

1968年，长信宫灯出土于河北满城中山靖王刘胜之妻窦绾墓中。此灯因曾被放置于窦太后的长信宫中而得名。灯体通高48厘米，重15.85千克，通体鎏金。长信宫灯设计十分巧妙，宫女右臂与衣袖形成铜灯灯罩，可以自由开合，燃烧产生的灰尘可以通过宫女的右臂沉积于宫女体内，体现了古代中国人民的环保理念。

后母戊鼎

商王文丁为祭祀母『戊』而造

国家一级文物

现存最大、最重的青铜器

后母戊鼎于1939年出土于河南省安阳市武官村。鼎高133厘米，口长112厘米，口宽79.2厘米，重832.84千克。鼎身四周铸有精巧的盘龙纹和饕餮纹，腹内壁铸有“后母戊”三字。后母戊鼎被列入《首批禁止出国（境）展览文物目录》。

金龟子

JIN GUI ZI

金龟子的形体像微型小龟，甲壳上有金属光泽，多为古铜色或青铜色，因而得名金龟子。

金龟子体长约 2 厘米，有两对翅膀，前翅坚硬，后翅膜质；飞行能力强；有趋光性，在夜间活动的相对较多；一般生活在草丛中或树上。

有的金龟子有拟死现象，受惊后立即落地装死。

金龟子是完全变态昆虫，一生要经历卵、幼虫、蛹、成虫四个时期。生活史较长，除成虫有部分时间出土外，其他虫态均在地下生活，完成一代需要 1 ~ 2 年，甚至 3 年。

金龟子是害虫，主要危害植物的叶、花、芽及果实等地上部分。

金龟子的幼虫称为蛴螬(qí cáo),俗称土蚕、地蚕、地狗子,是地下的害虫,危害严重。蛴螬的身体呈乳白色，体常弯曲呈马蹄形，背上多横皱纹，尾部有刺毛，生活于土中，喜欢啃食植物的根和块茎或幼苗等地下部分。

蜉 蝣

FU YOU

蜉蝣是最原始的有翅昆虫，也是昆虫类的活化石，起源于石炭纪，拥有古老而又特殊的形状。

蜉蝣的美丽在于它的整个身形。蜉蝣体形细长柔软，体长为 20 ~ 40 毫米；体壁薄而有光泽，最常见的是白色和淡黄色；前翅发达，后翅退化；翅膀呈三角形，膜质薄如蝉翼，十分脆弱，容易被撞断，休息时竖立在身体背面；腹部末端有一对很长的尾须；足细弱，仅用于攀附。在阳光下蜉蝣的身体显得格外好看。

在我国古代，蜉蝣是很多诗人描绘的对象，赞美其外形之华丽，或惋惜其生命之短暂。

古人用“朝生暮死”来形容蜉蝣的生命短暂，这是因为古人观察到“蜉蝣飞舞”往往只能持续几个小时，觉得如此优雅美丽的飞虫这么快就死了，从而引发了无限感慨。

冰脊龙

Cryolophosaurus

生活时期： 侏罗纪早期
栖 息 地： 南极洲
栖息环境： 森林
食　　物： 肉类
种　　类： 兽脚类

冰脊龙由于头部长着一个高耸的头冠，像极了山脊，所以又叫“冰冠龙”和“冻角龙”。冰脊龙这个奇特的头冠不大，但色彩十分鲜艳，根据古生物学家的猜测，这个头冠有可能是用来吸引异性，也有可能起到保护色的作用。冰脊龙的化石是在距离南极大约650千米的地方被发现的。

角鼻龙

Ceratosaurus

生活时期： 侏罗纪晚期

栖 息 地： 北美洲

栖息环境： 蕨类大草原、林木茂盛的冲积平原

食　　物： 肉类

种　　类： 兽脚类

角鼻龙的外形靠近头顶的部分有类似短角的凸起，看上去仿佛戴了一顶帽子，因此又叫“角冠龙”。角鼻龙个头儿很大，腰肢粗壮，力大无比。鼻子上方的尖利短角和尾巴是角鼻龙的有力武器，它那条扁扁的、灵活的尾巴，形状就像鳄鱼的尾巴，一旦遇到危险，角鼻龙会用力甩动尾巴。

曾侯乙编钟

战国早期大型礼乐重器
国家一级文物

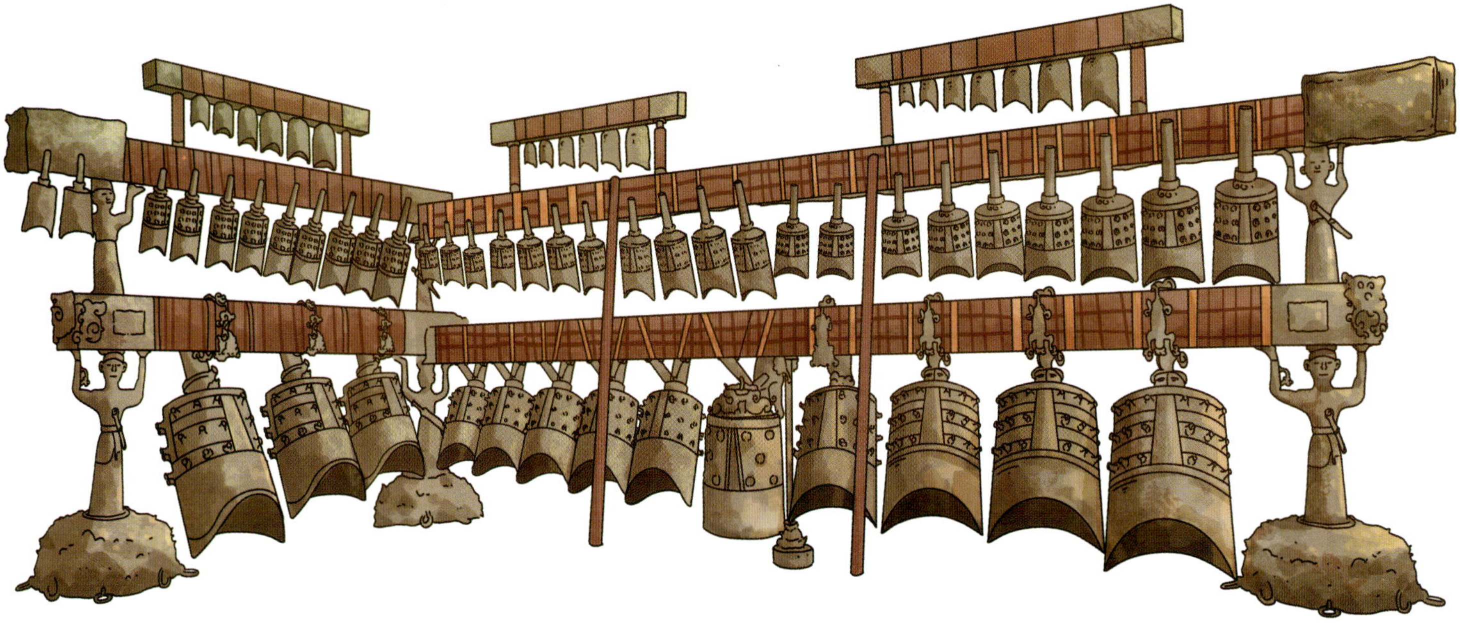

曾侯乙编钟是战国早期曾国国君的一套大型礼乐重器，1978年出土于湖北随州曾侯乙墓，被列入《首批禁止出国（境）展览文物目录》。曾侯乙编钟钟架长748厘米，高265厘米，全套编钟共65件。曾侯乙编钟是中国迄今发现数量最多、保存最好、音律最全、气势最宏伟的一套编钟。

铜大立人像

古蜀文化青铜制品

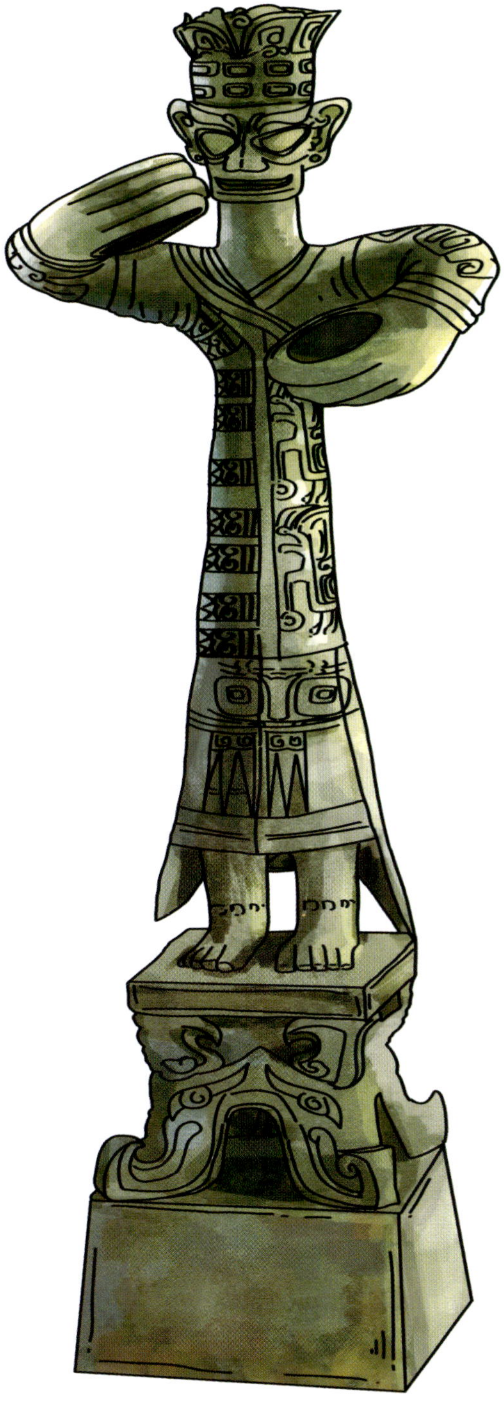

铜大立人像是三星堆遗址出土的一件青铜制品。它分为人像和底座两部分，人像高180厘米、通高260.8厘米。大立人的衣袍上共有5条龙，被认为是最早的龙袍。三星堆遗址位于四川省广汉市的鸭子河南岸，距今已有3000至5000年的历史，是迄今在西南地区发现的范围最大、延续时间最长、文化内涵最丰富的古城、古国、古蜀文化遗址。

蝴蝶

HU DIE

蝴蝶色彩斑斓，美丽动人，被誉为“会飞的花朵”“大自然的舞姬”。蝴蝶的种类繁多，据统计，全世界已记录的蝴蝶近 2 万种，大部分分布在美洲，尤其是亚马孙河流域。

世界上最大的蝴蝶是亚历山大鸟翼凤蝶，翼展可达 30 厘米；最小的蝴蝶是蓝灰蝶，翅膀展开只有 1 厘米左右；最漂亮的蝴蝶是光明女神蝶，又称海伦娜闪蝶；最稀有的蝴蝶是皇蛾阴阳蝶。

蝴蝶的触角可以感知温度、湿度、气味和食物等信息，它们可以通过触角感知花朵的芳香气味，这也是它们寻找食物的方法之一。

蝴蝶翅膀上的花纹和颜色多种多样，甚至有的翅膀会反射出彩虹般的颜色，让人赞叹不已。

蜻 蜓

QING TING

蜻蜓是不完全变态昆虫，一生要经历卵、稚虫、成虫三个阶段。雌蜻蜓产卵是在飞翔中将卵撒落水中，或用尾部碰水面，把卵产到水里，这就是人们常说的“蜻蜓点水”。

蜻蜓翅长而窄，膜质，网状翅脉极为清晰，是飞行能力非常出色的昆虫，被称为“空中王者”。它可以向任何方向飞行，可以在空中悬停、急转弯，速度和灵活性都非常惊人，能在空中悬停一分钟或更长时间。

蜻蜓是世界上眼睛最多的昆虫，其眼睛又大又鼓，占据着头的绝大部分，长着 3 只单眼、2 只复眼，每只复眼约由 28 000 只小眼组成，是一般昆虫的 10 倍。这些小眼都与感光细胞和神经连着，可以辨别物体的形状大小。它的视力极好，还能向上、向下、向前、向后看而不必转头。

蜻蜓是肉食性昆虫，它们捕食苍蝇、蚊子、叶蝉、虻蠓类和小型蝶蛾类等多种害虫，是有益于人类的昆虫。

慈母龙

Maiasaura

生活时期： 白垩纪晚期

栖 息 地： 北美洲

栖息环境： 森林

食　　物： 树叶、果实、种子

种　　类： 鸟脚类

慈母龙又被叫作“好妈妈蜥蜴”，它长得温驯，有一个像马头一样的长长的脑袋，嘴巴比较宽，就像鸭子的嘴巴一样，眼睛前方还有一个实心的骨质头冠。古生物学家研究慈母龙骨骼化石发现，慈母龙喜欢过群居生活。慈母龙妈妈产蛋之后，会细心地照看小宝宝。

腔骨龙

Coelophysis

生活时期： 三叠纪晚期
栖 息 地： 北美洲
栖息环境： 荒漠
食　　物： 肉类
种　　类： 兽脚类

腔骨龙是一种小型的肉食性恐龙。由于它的骨头是空心的，所以身体小巧轻盈，用长长的后腿奔跑。从外形上看，腔骨龙的头部像鹳鸟，颈部细长，伸缩自如，头小转动灵活，嘴巴狭长，牙齿尖锐。

秦始皇陵铜车马

秦朝时期的青铜器
国家一级文物
青铜之冠

秦始皇陵铜车马是秦朝时期的青铜器，1978年6月于陕西省西安市临潼区秦陵封土西侧出土，现收藏于秦始皇帝陵博物院。铜车马依照真车、真马、真人的比例制作，尺寸约为真实尺寸的1/2。图中的铜车马被称为立车。铜车马是我国考古史上迄今出土的体型最大、结构最复杂、系驾关系最完整的古代马车。

曜变天目茶碗

南宋时期的黑釉建盏
传世孤品

曜（yào）变天目茶碗是南宋时期福建建安水吉窑出品的一种黑釉建盏。刚烧制出来时用于斗茶，后流传至日本被收藏。制作天目茶碗时需高温窑烧，釉彩产生金、银、蓝三色交错的斑点，这就是“曜变”。想要达到曜变的效果，需要在器物上施用两次以上的釉层，让釉层在高温的窑炉之中自然流动。因此，每一件成品都是独一无二的。

蝎 子

XIE ZI

蝎子属于昼伏夜出的动物，喜潮怕湿，喜暗惧怕强光刺激。喜群居，好静不好动，并且有识窝和认群的习性，蝎子大多数在固定的窝穴内结伴定居。一般在大群蝎窝内大都有雌有雄、有大有小，和睦相处，很少发生相互残杀现象。但若不是同窝蝎子，相遇后往往会相互残杀。

虽然蝎子喜欢阴暗害怕阳光，尤其害怕强光的刺激，但它们也需要一定的光照度，以便吸收太阳的热量，提高消化能力，加快生长发育的速度，以及有利于胚胎在孕蝎体内孵化的进程。据报道和观察，它们最喜欢在较弱的绿色光下活动。

独角仙

DU JIAO XIAN

独角仙是一种常见的大型甲虫，独角仙可以是益虫也可以是害虫，适当的数量不会对森林造成破坏，如果数量太多，就会对森林造成严重破坏。

独角仙的头比较小，身体呈长椭圆形；体表革质，光滑或有微绒毛；身体的颜色从深红色到红棕色到纯黑色，变化很大，有时头部、胸部和翼展的颜色不同。

独角仙外形独特巨大，雄壮威武，力大无穷，号称“甲虫之王”。

地震龙

Seismosaurus

生活时期： 侏罗纪晚期

栖 息 地： 美国新墨西哥州

栖息环境： 多湖泊的稀树草原、只有稀疏低矮灌木的草原

食　　物： 柔嫩多汁的植物

种　　类： 蜥脚类

地震龙体形十分庞大，脑袋和嘴巴都很小，后肢比较短，因此地震龙身体呈拱形。它有一条细长的尾巴，像鞭子一样，可以用来抵御敌人。地震龙用四只脚行走，走得缓慢而又笨重。每当一群地震龙行走时，会发出轰隆轰隆的剧烈响声，仿佛整个大地都在颤抖，就像地震一样。

梁　龙

Diplodocus

生活时期： 侏罗纪晚期

栖 息 地： 北美洲

栖息环境： 平原

食　　物： 树叶、苏铁、水草

种　　类： 蜥脚类

梁龙拥有庞大的身躯，长长的脖子，小小的脑袋，还有鞭状的尾巴，尾巴很长，大约有14米。这条长长的、强有力的尾巴十分灵活，不但可以调节身体的平衡，还可以作为重要武器，去攻击敌人。因为梁龙的身体过于庞大，所以它只好在森林边缘的开阔地带产蛋。

元青花鬼谷子下山图罐

元代青花瓷器
中国陶瓷史上的一朵奇葩

元青花鬼谷子下山图罐高27.5厘米，径宽33厘米，主体纹饰为“鬼谷子下山图”，描述的是孙膑之师鬼谷子在齐国使节苏代的再三请求下，端坐在一虎一豹拉的车上，搭救齐国名将孙膑和独孤陈的故事。此罐绘制的青花纹饰共有四层，颈部是水波纹，肩部是缠枝牡丹，腹部是鬼谷子下山主题纹饰，下部是变形莲瓣纹内绘琛宝。

秦始皇陵兵马俑

秦始皇陵陪葬兵马俑
国家一级文物
世界十大古墓稀世珍宝之一
世界第八大奇迹

秦始皇陵兵马俑是秦始皇陵陪葬坑中的兵马陶俑，1974年3月被发现于距西安市30多千米的临潼县城。陪葬坑坐西向东，共有4个坑。前三个坑中均有兵马俑出土。在深约5米的坑底，每隔3米架起一道东西向的承重墙，兵马俑排列在墙间的空隙中。俑坑中最多的是武士俑，身高1.85米左右，最高的近2米。陶马高约1.5米，身长约2米，战车与实用车的大小相当。车兵、步兵、骑兵排列成各种阵形，气势壮观。

葬甲虫

ZANG JIA CHONG

葬甲虫，又叫埋葬虫、葬甲、锤甲虫、食尸虫，是以腐肉为食的昆虫。

葬甲虫平均体长为 1.2 厘米；外壳多黑色或褐色，常有黄、橙或红色斑点；触角棒槌状，末端特别大，是葬甲虫用来循味找寻食物的嗅觉利器；腿适合挖掘；身体扁平而柔软，适于在动物的尸体下爬行。

葬甲虫适应能力很强，可以生存在森林、草原、沙漠和城市。由于葬甲虫身上原本就有来自食物环境的腐臭，当它一旦遭受骚扰攻击，还会自尾端排出一大堆粪液，散发出更浓烈恶心的尸臭味来驱敌。

葬甲虫多以动物尸体为食，也捕食蜗牛、蝇蛆、蛾类幼虫，以及其他植物害虫。

葬甲虫在食用动物尸体的时候，总是不停地挖掘尸体下面的土地，动物尸体逐渐下沉，最终就被埋到了土里，因此它又叫“埋葬虫”。

屎壳郎

SHI KE LANG

屎壳郎又称蜣螂（qiāng láng），全身黑色，稍带光泽；体长 3 ~ 4 厘米，最大的是 10 厘米长的巨蜣螂。

屎壳郎用前爪将粪便聚拢在一起，形成一个圆形丸状的粪球，然后屎壳郎用后腿蹬着粪球，倒立着行走，将粪球运往巢穴。

澳大利亚被称为“骑在羊背上的国家”，牛和羊的养殖业都非常发达，但是澳大利亚当地的屎壳郎却不愿意搬运牛的粪便。因为牛的粪便水分太大，在搬运过程中，会越滚越大，又非常重，当地屎壳郎觉得牛的粪便不如袋鼠、考拉等干燥的粪便好搬运。

禽龙

Iguanodon

生活时期： 白垩纪早期

栖 息 地： 北美洲

栖息环境： 沿海地区、沼泽、森林

食　　物： 树叶、树枝

种　　类： 鸟脚类

人们发现的第一块恐龙化石就属于禽龙。禽龙身材高大笨重，喜欢用四条腿走路，有时也会用后肢行走。它的尾巴僵直而又扁平，在奔跑和走路的时候，尾巴会一直与地面保持平行。禽龙的显著特征是拇指尖爪，被认为是用来掠食的。禽龙属于植食性恐龙，它喜欢吃的植物有马尾草、蕨类和苏铁。

禄丰龙

Lufengosaurus

生活时期： 侏罗纪早期

栖 息 地： 中国

栖息环境： 森林

食　　物： 植物的叶子或柔软藻类

种　　类： 蜥脚类

考古学家在我国云南省禄丰县发现了一种完整的比较原始的恐龙化石。因为化石发现在禄丰地区，所以这种恐龙得名禄丰龙。它有一条长尾巴，脖子也很长，身长6~7米，直立起来大约有2米高。禄丰龙的前肢短小，后肢粗壮有力，趾端有粗大的爪子。

越窑青釉褐彩云纹五足炉

唐代越窑罕见珍品
国家一级文物
珍贵的越窑釉下彩绘瓷

越窑青釉褐彩云纹五足炉于1980年从吴越国第一代国君钱镠的母亲水丘氏墓中出土。该炉通体为青黄色，器身由盖、炉、座三部分组成，通高66厘米，座径41厘米，全身均装饰有褐彩如意云头纹，盖纽与盖顶均镂刻有花纹。这些花纹既能起到装饰作用，又能让烟雾飘出。该五足炉为唐代越窑产品，器形罕见，形制古朴，制作精美，工艺精湛，具有极高的艺术价值。越窑的釉下彩绘瓷较为罕见，所以此炉弥足珍贵。

唐三彩骆驼载乐俑

盛唐时期三彩釉陶器
国家一级文物

唐三彩骆驼载乐俑于1959年在陕西省西安市西郊中堡村唐墓出土，通高58厘米，长41厘米，骆驼高48.5厘米。这是一个以驼代步的巡回演奏乐团，跪在中间的女性是主唱，周围盘腿而坐的是伴奏。伴奏共有7人，均为男性。他们头戴软巾，身着圆领窄袖长衣，分别执笙、箫、琵琶、箜篌、笛、拍板、排箫等乐器演奏。骆驼引颈张口，似乎在嘶鸣，背上铺着一个色彩斑斓的毯子，看起来既舒适又美观。唐三彩是唐代独特的低温釉陶器，因以绿、黄、蓝三色为主而得名。

天 牛

TIAN NIU

天牛因为力大如牛，而且善于在天空中飞翔，因此被称为天牛。有些地区根据它发出的声音咔嚓、咔嚓，像是锯树的声音，又被称为锯树郎。

天牛的一生要经历卵、幼虫、蛹、成虫四个时期。天牛的身体呈长圆筒形，背部略扁；因种类不同，体形的大小差别极大，最大的体长可达 11 厘米，而小的体长仅 0.4 ~ 0.5 厘米；体色大多为黑色，具有金属光泽；触角着生在额的突起上，可自由转动和向后覆盖于虫体背上；咀嚼式口器；飞行时鞘翅张开不动，由内翅扇动，发出嘤嘤之声。

天牛最特别的特征是触角极长，常常超过身体的长度，可达 10 厘米左右。另外一个特征是天牛有强有力的下巴，能够蛀食林木。

锹 甲

QIAO JIA

锹形虫，别名大夹子虫，学名叫锹甲，是一种好斗的昆虫。

如果说雄虫的大颚是用来捕食猎物的，那就错了。因为雄虫从来不用大颚捕食，它是用位于大颚之间的口器，吸食树木、果实的汁液。它的爱好和吃东西的方式与苍蝇有点相似。

雄虫的大颚的真正用途是争夺配偶。雄性锹甲非常勇猛好斗，当遇到“情敌”时，它就高高举起巨大的钳子，向对方展示它的强大，如果对方仍然不肯离开，它就用大钳子夹住对方，将其掀翻在地，甚至钳死对方。

锹甲是完全变态昆虫，一生经历卵、幼虫、蛹、成虫四个时期。

锹甲的幼虫是益虫，它们以朽木为食，栖食于树桩及其根部等，能帮助分解朽木和腐殖质，属于自然界的分解者，排出的粪便是很好的肥料。

锹甲体形较大，全身武装着金属般的硬壳，上颚发达且形状奇特，力大而好斗，活像一个个英勇的铁甲斗士，深受昆虫爱好者们的喜爱。

蛮　龙

Torvosaurus

生活时期： 侏罗纪晚期

栖 息 地： 美国、葡萄牙、坦桑尼亚

栖息环境： 森林

食　　物： 肉类

种　　类： 兽脚类

蛮龙也叫“野蛮龙”“蛮王龙”，是著名的斑龙的亲戚。蛮龙生活在侏罗纪晚期，性情残暴，体形大，腿长且强壮，奔跑速度很快。由于它有着和霸王龙相似的身形、与霸王龙一样凶狠残暴的性情，以及无可撼动的顶级霸主地位，所以也被称为“侏罗纪的暴龙”。

镰刀龙

Therizinosaurus

生活时期： 白垩纪晚期

栖 息 地： 蒙古国

栖息环境： 森林

食　　物： 植物，可能也吃肉类

种　　类： 兽脚类

镰刀龙生存于白垩纪时期，夸张的大爪就像一把长柄大镰刀，这是镰刀龙的突出特点。镰刀龙的长相奇特，高高的个子，细长的脖子，小小的脑袋，长长的爪子，大大的肚子。镰刀龙是没有奔跑优势的恐龙，因为它们的后腿、大腿腿骨非常细，又短又宽的脚板和庞大的身躯形成鲜明的对比，缺乏稳定性。

船形彩陶壶

新石器时代的陶艺珍品
国家一级文物

该壶口径为4.5厘米，长24.8厘米，通高15.6厘米，口部呈杯状，左右两端突尖，看起来像一只小船，因而得名。在陶壶两侧的腹部刻有黑彩绘制的渔网状图案，看起来像渔夫挂在船上晾晒渔网的情景。陶壶的左右两端各有一个小耳，既方便提拿，又可穿绳背负。

孝端皇后凤冠

明代文明中的稀世珍宝
国家一级文物

这顶凤冠是孝端皇后王氏的凤冠，于1957年出土于万历皇帝的定陵。在中国古代，凤冠是女性身份地位的象征。该凤冠通高48.5厘米，冠高27厘米，径23.7厘米，重2320克，样式上基本承袭了宋代皇后用金银镶嵌珠宝的凤冠制度。冠框用细竹丝编制，冠通体嵌各色珠宝、点翠如意云片。饰件以龙凤为主，前部近顶饰九条金龙，其下为点翠八凤，后部另有一凤，因此共九龙九凤。全冠共镶大小红蓝宝石100多粒，珍珠5000余粒。整个凤冠的龙、凤、云、花形象飞舞，色泽瑰丽，工艺精湛，极致奢华。

屁步甲

PI BU JIA

屁步甲体长 10 ~ 19 毫米，身体呈圆形或卵形，暗褐色，有黄色斑纹；体长而稍扁，背面两侧和步肢赤黄色。屁步甲喜欢隐藏在砖石瓦块下或杂草丛中，以捕食其他小型节肢动物为生。其习性活跃，寿命很长，最长可达 9 ~ 10 个月。

屁步甲有群聚性，一般数只至 30 只聚结在一起，最多可达上百只。屁步甲对农业害虫的捕食范围较广，捕食量较大，捕食的虫态较多，卵、幼虫、蛹、成虫均可捕食。

屁步甲有一套化学防御系统，这个系统由分泌腺、贮液室和反应室三部分组成。分泌腺产生对苯二酚和过氧化氢，保存在贮液室内。当屁步甲受到惊吓时，混合液会进入反应室，在生物酶的作用下发生剧烈的化学反应，生成温度高达 100℃的苯醌类混合液，形成巨大的推动力，伴随响声以脉冲的形式喷射出体外，从而达到击退敌人、保护自己的目的。

吉丁虫

JI DING CHONG

吉丁虫是一类非常多样化的昆虫，全世界已知约 1.3 万种，它们的形态、颜色和生态习性都各有不同。小的不足 1 厘米，大的超过 8 厘米；身体呈椭圆形，分为头、胸和腹三部分；鞘翅的颜色非常鲜艳，在光下能闪烁出灿烂的金属光泽，色彩绚丽异常，如同晶莹的珠宝，常被用作高级装饰品。许多吉丁虫具有极高的观赏价值，是收藏家的珍品。

吉丁虫大多以树木的嫩叶、嫩芽为食，喜欢阳光，常在白天活动。它们的飞翔能力极强，飞得又高又远，但当它们栖息在树干上时，却很少爬动，行动迟缓。

始祖鸟

Archaeopteryx

生活时期：侏罗纪晚期

栖 息 地：德国

栖息环境：湖边或沼泽地

食　　物：肉类

种　　类：兽脚类

始祖鸟是一种小型带羽毛恐龙，生活在侏罗纪晚期。始祖鸟的大小如乌鸦，头部像鸟，前肢已发育为翅膀，可尚不十分完善，有三指，掌骨分离，关节骨完全，指端有利爪；飞翔能力不强，也许只适于短距离的树间或树到地间飞行；尾巴很长，由多节尾椎组成；除了有鸟类的羽毛外，还没有发现更多像鸟的线索，所以它被认为是爬行动物到鸟类的过渡类型，仍属于恐龙，而且是肉食恐龙。

食肉牛龙

Carnotaurus

生活时期： 白垩纪晚期

栖 息 地： 南美洲

栖息环境： 丛林、湖泊

食　　物： 肉类

种　　类： 兽脚类

食肉牛龙的眼睛上方有一对翼状的尖角，这是食肉牛龙最明显的特征。古生物学家通过食肉牛龙的皮肤印记化石推测，食肉牛龙的身上覆盖着数以千计的鳞片，这些鳞片像一个个小圆盘，大小和形状都差不多。

鹰顶金冠饰

战国时期北方民族贵金属工艺最高水平

草原瑰宝

国家一级文物

鹰顶金冠饰是1972年于内蒙古鄂尔多斯市杭锦旗阿鲁柴登出土的匈奴王金冠饰。金冠通高7.1厘米，鹰高6.7厘米，额圈直径16.5厘米，重1211.7克。整个王冠由纯金打造，配有绿松石。王冠的造型是一只雄鹰站立在一个狼羊咬斗纹的半球体上。额圈由三条半圆形金条榫卯（sǔn mǎo）插合而成，带端分别浮雕伏虎、卧羊、卧马。鹰顶金冠饰的造型取材于匈奴人的日常生活场景，也是匈奴贵族财富的象征。

唐鸳鸯莲瓣纹金碗

唐代金银细工高超技艺的杰出表现
国家一级文物
大唐第一金碗

唐鸳鸯莲瓣纹金碗于1970年出土于陕西西安南郊何家村的一个基建工地。碗高5.5厘米，口径13.5厘米，重391克。金碗的上层十片花瓣里各有一只小动物，包括狐、兔、鹦鹉、鸳鸯等禽兽。在莲瓣之间的空隙处填以形态各异的花草，并配以忍冬纹。把金碗倒扣过来，碗底正中心藏着一只憨态可掬的小鸳鸯。这只小小的金碗共藏着21只小动物。碗内一侧墨书“九两半”三字，即金碗的重量。

七星瓢虫

QI XING PIAO CHONG

七星瓢虫，又叫花大姐，体长 5.2 ~ 6.5 毫米，身体呈卵圆形，背部拱起，呈水瓢状。头部较小，经常后缩在发达的前胸背板之下，胸部生有两对翅，三对足。鞘翅红色或橙黄色，左右两侧各有 3 个黑点，接合处前方有一个更大的黑点，加起来共有 7 个黑斑，“七星瓢虫”因此而得名。

七星瓢虫是益虫，能够捕食麦蚜、棉蚜、槐蚜、桃蚜、介壳虫、壁虱等害虫，可大大减轻树木、瓜果及各种农作物遭受害虫的损害，被人们称为“活农药”。

下颚须是七星瓢虫的主要触觉和嗅觉器官。七星瓢虫经常在蚜虫的寄主植物上爬动、搜索，如果下颚须触到蚜虫，它便能迅速地用上颚咬住蚜虫，再将蚜虫吞食。如果下颚须没有触到蚜虫，即使蚜虫就在它的眼前，它也不会去捕食蚜虫。

七星瓢虫是完全变态昆虫，成长过程会经历卵、幼虫、蛹和成虫四个阶段。

蟋 蟀

XI SHUAI

蟋蟀，别名有蛐蛐、夜鸣虫、将军虫、促织等，是一种好斗的昆虫。

从古至今，人们都喜欢斗蟋蟀，这是因为蟋蟀生性孤僻，一般情况下都是独立生活，它们彼此之间不能容忍，一旦碰到一起，就会咬斗起来。

蟋蟀体长大约 3 厘米，体色多为褐色或黑褐色；头圆，胸宽，有咀嚼式口器，大颚发达，喜欢咬斗。前足为步行足，后足为跳跃足；前翅革质；后翅膜质，用于飞行；还有一对比身体还要长的触角。

蟋蟀是杂食性动物，它们会破坏作物的根、茎、叶、果实和种子，是农业害虫。它们喜欢阴凉的地方，常常在夜间出来觅食。

蟋蟀是一种不完全变态昆虫，一生要经过卵、若虫、成虫三个阶段。若虫和成虫的模样差不多，但若虫个头儿很小，没有翅膀，身体是白色的。经过 6 次蜕皮，身体的颜色逐渐变深，最后长成成虫。蟋蟀一年一代，以卵在土中越冬。

翼 龙

Pterosauria

生活时期： 侏罗纪至白垩纪晚期

栖 息 地： 中国

栖息环境： 海边、湖边或树林

食　　物： 鱼、虾等小型水生动物以及植物

种　　类： 不详

翼龙是会飞行的古爬行类动物，尽管与恐龙生存的年代相同，但它不是恐龙。翼龙没有真正的翅膀，只在极度伸长的前肢第四指和体侧之间长有翼膜，估计只能在空旷的水边滑翔，飞行能力不强。

异特龙

Allosaurus

生活时期： 侏罗纪晚期
栖 息 地： 北美洲
栖息环境： 平原
食　　物： 肉类
种　　类： 兽脚类

异特龙又叫“异龙”或“跃龙”，它的性格凶狠残暴，特别爱发脾气。可怕残暴的异特龙是侏罗纪晚期主要的肉食性恐龙，它集各种猛兽的特性于一身，在当时的环境中，可能只有最大的蜥脚类恐龙才能和它相抗衡。异特龙的后肢高大粗壮，脚掌上有一个带爪的脚趾，它主要靠后肢站立行走，前肢瘦小，指端有十分锋利的爪子。异特龙还有一条又长又重的尾巴，可以用来调节身体平衡。在侏罗纪时期，北美洲生活着大量的植食性恐龙，它们是异特龙猎食的主要目标。

唐鎏金舞马衔杯纹银壶

国家一级文物
民族团结的见证

舞马衔杯纹银壶于1970年出土于陕西西安南郊何家村。壶身高14.8厘米，口径2.3厘米，呈扁圆形，银制，外形酷似我国北方游牧民族契丹族常用的皮囊壶。银壶的右上端有一个圆形壶口，壶口上有金色莲花瓣形的盖子覆盖，紧挨壶口的是弓形细提梁。银壶腹部正反两面均有舞马衔杯纹饰，提梁和身上的所有纹饰都做鎏金处理。此壶展示了唐代高超的锤揲技法，反映了唐朝时各民族之间的密切往来。

唐赤金走龙

唐代帝王专用的祭祀『法器』
国家一级文物
首批禁止出国（境）展览文物

唐赤金走龙于1970年出土于西安市南郊何家村，是晚唐时期的金银器。出土时共12条金龙，每一条金龙长约4厘米，最高的为2.8厘米，最矮的为2厘米。金龙身材纤细，昂首拖尾，作行走状，但每条金龙的行走姿势各不相同。每条金龙的头上都有两只长角，折曲于脑后，圆眼深目，两唇张开，颌腮部位、脊背和尾脊均饰以长鬃纹样。

蝉

CHAN

蝉有两对膜质的翅膀，翅脉很硬，休息时，翅膀总是覆盖在背上。蝉很少自由自在地飞翔，只有采食或受到骚扰时，才从一棵树飞到另一棵树。

蝉的主要食物是树的汁液。当蝉口渴、饥饿时，它就会用自己坚硬的口器刺入树皮吮吸树汁，蚂蚁、苍蝇、甲虫等便闻声而至，都来吸吮树汁。然后，蝉会飞到另一棵树上再开一口“泉眼”。由此可见，蝉是树木的大害虫。

会鸣叫的蝉是雄蝉，雌蝉不能发声。

雄蝉的肚皮上有两个小圆片，叫音盖，音盖内侧有一层透明的薄膜，叫瓣膜。雄蝉的鸣叫声是瓣膜发出的声音，人们用扩音器来扩大自己的声音，音盖就相当于蝉的扩音器，来回收缩以扩大声音，就会发出“知——了，知——了”的叫声。雌蝉的肚皮上没有音盖和瓣膜，所以不会叫。更有趣的是，雄蝉能一边吸树汁，一边鸣叫，饮食和唱歌互不妨碍。

蝈 蝈

GUO GUO

蝈蝈，又叫蛞蛞，在我国分布很广，与蟋蟀、油葫芦被称为三大鸣虫。

雄虫的前翅互相摩擦，能发出清脆响亮的声音，深受广大鸣虫爱好者的喜爱。雌虫不会叫。

雄虫白天和夜里都能鸣叫，而以白天鸣叫更为频繁。夏天天气越热，它叫得越起劲，鸣叫声显得急促而连续；气温较低时，叫声轻低缓慢，最喜欢爬到树枝的高处去鸣叫。

蝈蝈体长 5 厘米左右，雌虫比雄虫稍大；外形和蝗虫相像，身体多数翠绿色，少数淡褐色。蝈蝈的触角细如丝，而蝗虫的触角又粗又短。

蝈蝈的腹部肚子为圆状，尾端略尖上翘，后足发达，善跳跃；尾须短小，雌虫有刀状或剑状的产卵器。

肿头龙

Pachycephalosaurus

生活时期： 白垩纪晚期
栖 息 地： 亚洲、北美洲
栖息环境： 森林
食　　物： 树叶和水果
种　　类： 鸟脚类

肿头龙是恐龙家族中长得比较丑的恐龙，它的头顶高高凸起，就像肿了一样，其实那是一个大约25厘米厚的坚硬骨质盆。肿头龙的脖子相当短，但是十分厚实。前肢短，后肢长，尾巴坚硬笔直地挺在身后。肿头龙过着群居生活，成年后的肿头龙会像现在的山羊一样，为了选出最优秀的首领，彼此用头进行碰撞来一分高下。

三角龙

Triceratops

生活时期： 白垩纪晚期

栖 息 地： 北美洲

栖息环境： 森林

食　　物： 植物

种　　类： 角龙类

三角龙因它们头部的三根大型角而著名。三角龙最显著的特征是它们的大型头颅。从三角龙骨骼化石中发现，正因为它们有较厚的皮肤和坚硬的角和颈盾，所以三角龙是白垩纪晚期攻击力较强的植食性恐龙。

金嵌宝金瓯永固杯

清乾隆时期金器
国家一级文物
世界金银器史上的巅峰之作

金瓯永固杯是乾隆年间清宫造办处制造的酒杯珍品。此杯通体用八成金制成，杯子上面为圆形口，口边刻有回纹，杯口边上铸有“金瓯永固”“乾隆年制”篆书字样。金瓯永固杯通体都錾刻有缠枝花卉，上面镶嵌了数十颗巨大的珍珠、红宝石、蓝宝石和粉色碧玺。杯两侧有双立夔（kuí）耳，夔龙头各嵌珍珠一颗，底部以三象首为足，外形呈鼎式。金瓯永固杯是清代皇帝每年新年举行开笔仪式时的专用酒杯。每年新年凌晨子时，皇帝在养心殿明窗把金瓯永固杯放在紫檀长案上，在杯中注入屠苏酒，亲自点燃蜡烛，提起毛笔书写祈求江山平安永固的吉语。金瓯永固杯被清代皇帝视为珍贵的祖传器物。

刘胜金缕玉衣

中国首次发现、规格最高、最完整的玉制葬衣

国家一级文物

首批禁止出国（境）展览文物

刘胜金缕玉衣于1968年5月出土于河北省满城。该衣全长1.88米，共用玉片2498片，金丝约1100克。玉衣的外观和男子体形一样，宽肩阔胸，腹部突鼓，四肢粗壮。玉衣分为头部、上衣、袖筒、裤筒、手套和鞋六个部分，每一部分都可以单独分离，犹如制衣工人裁剪缝制的一件衣服。金缕玉衣也叫“玉匣”“玉柙”，是汉代皇帝和贵族死后所穿的殓（liàn）服。其中用以缝接玉片的线分3个档次，即金缕、银缕、铜缕，分别对应皇帝、诸侯王及公侯大臣。目前共从汉墓中发掘出各类金缕玉衣20多件，其中以中山靖王刘胜及其妻窦绾墓中出土的两件金缕玉衣年代最早、做工最精美。据说这两件衣服是由几百名玉工花两年时间制成的。

蜗 牛

WO NIU

蜗牛的身体十分柔软，肥大的腹足是运动器官，足内有足腺，能分泌黏液。这些黏液既可以让蜗牛行走自如，又能保护腹足，防止其他昆虫侵害。蜗牛爬过的地方总是留下一条黏糊糊的液体痕迹。

虽然蜗牛的嘴大小和针尖差不多，但是它是世界上牙齿最多的动物，一直是吉尼斯世界纪录的保持者。蜗牛的牙齿太小了，需要用显微镜放大一千倍才能看见。它们的牙齿不是“立体牙”，无法咀嚼食物，而且牙齿分布在舌头上，被称为齿舌。

蜗牛在吃东西时，会分泌一种酸性唾液，先将食物的外部软化，再用齿舌磨碎食物，然后吞下食物。小牙齿磨损钝化后，就会被锋利的新牙取代。

蜗牛的食物范围很广，主要是各种蔬菜、瓜果皮，还有一些农作物的叶、茎、芽、花等。所以，对人类来说，蜗牛是害虫。

蚕

CAN

蚕是一种非常重要的经济昆虫的幼虫。许多国家都将蚕也作为重要的农业产业，并且通过饲养蚕来获得丝绸和其他相关产品。

蚕卵看上去很像细粒芝麻。蚕卵刚产下时为淡黄色或黄色，几天后变成赤豆色，最后变成灰绿色或紫色。

蚕卵发育成蚁蚕，从卵壳中爬出来。蚁蚕身体是褐色或黑色，极细小，且多细毛，有点像蚂蚁。2 ~ 3 小时后就会进食桑叶。蚕宝宝食桑量极大，长得很快，体色逐渐变成白色。然后它的食欲逐渐减退至完全禁食，这时它吐出少量的丝，将腹足固定在蚕座上，头胸部昂起，如睡眠般不吃也不动，这叫“休眠”。此时，体内在为蜕皮做准备。从蚁蚕到吐丝结茧共蜕皮 4 次。

沧　龙

Mosasaurus

生活时期： 白垩纪中晚期
栖 息 地： 北美洲、欧洲
栖息环境： 浅海近岸
食　　物： 肉类
种　　类： 不详

沧龙是中生代所有海洋生物当中最成功的掠食动物。沧龙的身体呈长桶状，尾巴强壮，具有高度流体力学性。它的尾部达到身长的一半，为宽阔平坦的竖桨状，尾椎骨上下都有扩张的骨质椎体，组成了强力的游泳工具。它是肉食性海生爬行动物，拥有巨大的头部、强壮的颚与尖锐的牙齿，外形类似具有鳍状肢的巨型鳄鱼。沧龙用肺呼吸，一次换气可以在水中停留很长时间。

腕　龙

Brachiosaurus

生活时期：侏罗纪晚期

栖 息 地：北美洲

栖息环境：草原、森林

食　　物：树叶、树枝

种　　类：蜥脚类

目前，在所有挖掘出来的具有完整骨架的恐龙中，腕龙的个子是最高的。腕龙化石一出土，它庞大的体形和惊人的体重便轰动了整个古生物界。腕龙虽然体形大，但是脑袋很小。它是温驯的植食性恐龙，牙齿平直，鼻孔长在头顶上。因为腕龙食量大得惊人，所以它需要不断地迁徙寻找食物。

西汉角形玉杯

目前存世唯一汉代玉杯

国家一级文物

首批禁止出国（境）展览文物

西汉角形玉杯于1983年在广州市南越王墓出土。玉杯通高18.4厘米，口径5.8～6.7厘米，壁厚0.2～0.3厘米，重372.7克。它由一整块青玉雕琢而成，为独特的犀牛角状造型，上口椭圆，往下逐渐收束，近底处成卷索形回缠于器身下部，腹中空。杯身自口沿处起为一立姿夔龙向后展开，绕着器身回环卷缠，逐渐高起。玉杯工艺巧妙精湛，是我国西汉时期玉器的代表作。

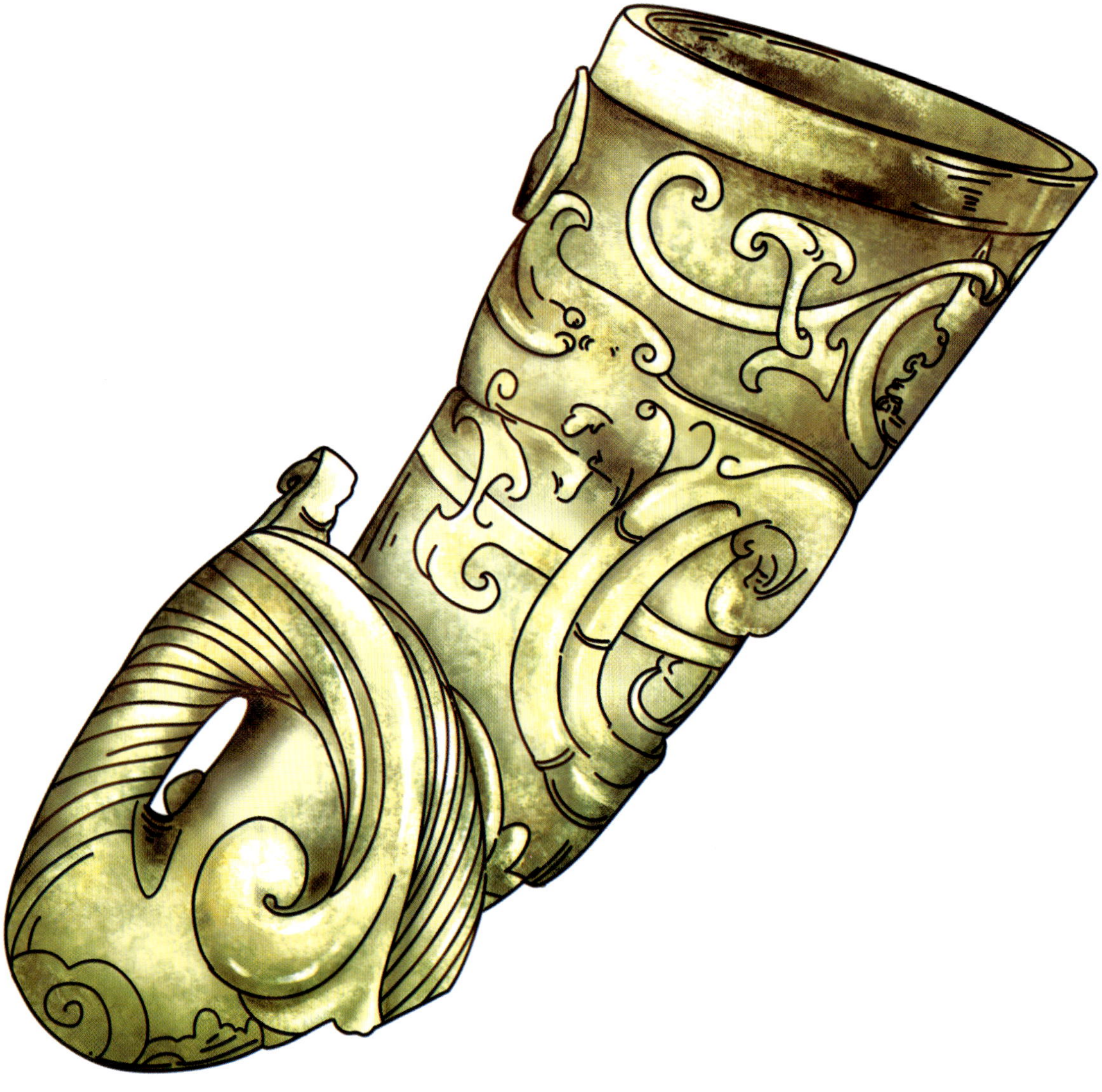

西汉朱雀踏虎衔环玉卮

汉代玉雕珍品
合肥市国有文物收藏单位『镇馆之宝』
中国玉雕史之绝唱

西汉朱雀踏虎衔环玉卮于1997年出土自巢湖北山头一号墓，通高13.6厘米，口径7.9厘米，底径7.4厘米，厚0.3厘米，足高1.2厘米。卮体呈圆筒形，直口，平底，三兽首形足。朱雀衔环矗立于两高足杯之间的兽背上，喙部衔一能自由转动的白玉环。兽匍匐，四足分踏在两高足杯底座上。玉卮表面嵌有圆形和心形绿松石13颗，色彩斑斓。“玉卮”是古代王宫贵胄的专用酒器。

蛞蝓

KUO YU

蛞蝓，俗称鼻涕虫，是一种软体动物，像没有壳的蜗牛，体表有黏液，大多数是暗黑色、暗灰色、黄白色，少数是灰红色，身体可延伸到 30 ~ 60 毫米，身体伸缩爬行，所过之处，会留下一条亮亮的黏液痕迹。

蛞蝓有两对触角，有感知作用，遇物收缩，前行伸出，较长的一对触角顶端长有一对眼睛。

蛞蝓是一种危害很大的害虫，食性复杂，食量很大，以植物的叶、花、果实、幼芽、茎、根等为食。

蛞蝓怕强光的照射，在强光下，会在 2 ~ 3 小时内死亡。所以，蛞蝓通常生活在阴暗潮湿的地方，白天躲起来，晚上出来活动。

接吻虫

JIE WEN CHONG

接吻虫是因它在唇边吸血而得名。它的名字听起来很浪漫，可事实上，它却是昆虫界最可怕的“谋杀者”之一。

接吻虫长约 25 毫米，暗褐色或黑色，椭圆形，胸部、翅膀以及腹部两侧有斑点，斑点红色或黄色。

接吻虫吸血之后，会将粪便排在人的伤口处，粪便中的寄生虫就会进入血液，这些寄生虫通过血液传播。

接吻虫大多藏身于墙壁或木质物件的缝隙等地，通常在夜间外出活动。在防治上，关键是改善居住条件，消灭接吻虫藏匿滋生的场所，也可以喷洒杀虫药。

似鸡龙

Gallimimus

生活时期： 白垩纪晚期

栖 息 地： 蒙古国

栖息环境： 半沙漠干旱地区

食　　物： 杂食，以植物、蛋、昆虫和蜥蜴等为食

种　　类： 兽脚类

似鸡龙个头儿很小，长得像鸟，体态轻盈。似鸡龙脑袋的两侧有一双大大的眼睛，视野极好。似鸡龙的前肢上各长着三个锋利的爪子，这些爪子可以用来扒开泥土，寻找动物的蛋作为食物。似鸡龙的后肢强健有力，有一条硬挺的尾巴，奔跑起来相当快。

圆顶龙

Camarasaurus

生活时期： 侏罗纪晚期

栖 息 地： 北美洲

栖息环境： 平原

食　　物： 蕨类植物的叶子以及松树

种　　类： 蜥脚类

圆顶龙的体形比较大，头顶圆圆的，有一个独特的拱形头颅骨，就像半个足球盖在头上一样，因此它被叫作“圆顶龙”。圆顶龙只能吃到树上位置比较低的叶子，为了满足对食物的需求，圆顶龙经常会迁徙到水草丰美的地方。圆顶龙吃食物的时候基本不咀嚼，而是将蕨类或裸子植物的叶子整片吞下，这主要是因为圆顶龙的消化系统非常强大。古生物学家曾发现一具完整的未成年的圆顶龙化石，小圆顶龙的体长大概只有几米，脑袋和眼睛特别大，脖子很短，看起来就像一匹马驹子。

渎山大玉海

中国现存最早、体积最大的传世玉器
国家一级文物

忽必烈在开疆拓土的同时，缴获了许多珍贵的宝贝，其中有一块重达5吨的特大玉石，色泽青白带黑，是一块天然宝石。1265年，忽必烈命令工匠将这块特大玉石雕刻成一个盛酒的器皿，庆功时犒赏将士使用。整座玉海高0.66米，直径为1.5米，周长约5米，可以储存1600多千克酒。渎山大玉海外表刻有十几种动物，上方刻的是龙和螭，象征蒙古汗；下方刻的是羊、鲤鱼、犀、螺、螃、蚌、马、兔、豚等，代表四方臣民，它们从波涛翻滚的大海中腾跃而出，仿佛前往龙宫参拜龙王。后来，渎山大玉海经历一场火灾，并就此消失。渎山大玉海到了乾隆皇帝时才再次被发现，发现时已被当作咸菜缸。乾隆皇帝先后四次下令修复渎山大玉海，所以我们今天看到的已经不是元朝时期的大玉海了，但大玉海整体结构依然可以反映出元朝玉雕作品气壮山河的风貌。

玉琮王

新石器时代良渚文化玉琮之首
国家一级文物
首批禁止出国（境）展览文物

玉琮王于1986年出土于浙江省杭州市余杭反山12号墓，人们推测它是一件神圣崇高的玉制礼器，用来祭祀地神。这件玉琮通高8.9厘米，上射径17.1～17.6厘米，下射径16.5～17.5厘米，孔外径5厘米，孔内径3.8厘米。器形呈扁矮的方柱体，内圆外方，上下端为圆面的射，中有对钻圆孔，俯视如玉璧形。琮体四面中间由约5厘米宽的直槽一分为二，由横槽分为四节。文物的四面各琢刻一完整的神人兽面图像。因其体积、重量及纹饰均为现存玉琮之最，是新石器时代良渚文化玉琮之首，故称“玉琮王”。玉琮造型既有“天圆地方”的宇宙观影响，同时也有沟通天地的内在意义。

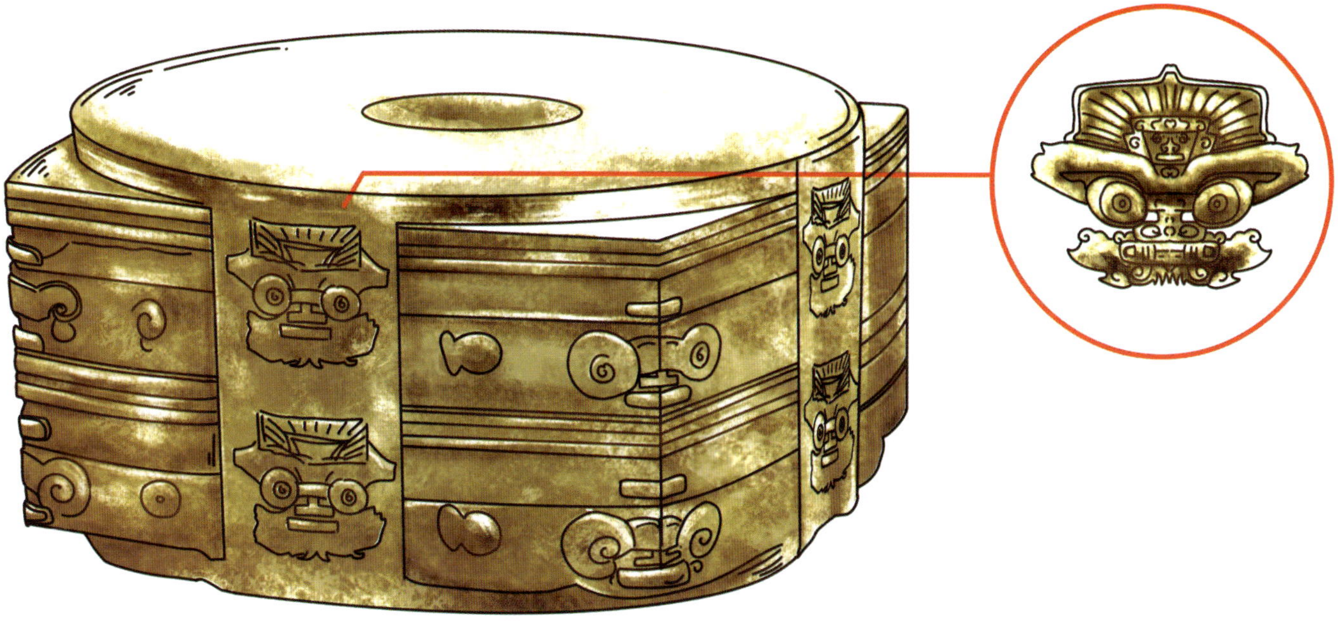

蜈蚣

WU GONG

蜈蚣属于多足纲，它们的身体由许多环节组成，每个环节都有一对脚。最大、最长的蜈蚣是加拉帕戈斯巨人蜈蚣，这种蜈蚣主要生活在南美洲，最长可达 46 厘米，最多能长出 354 条腿。

蜈蚣在自然界中扮演着重要的角色，它们是肉食动物，主要以昆虫、蜘蛛和其他小型节肢动物为食。蜈蚣还可以吃掉一些农业害虫，如蚜虫、蚂蚁等，这对保护农作物和森林生态系统具有重要的作用。

蜈蚣的繁殖能力很强。有些蜈蚣会将卵产在地下或树皮下等隐蔽的地方，有些则会将卵粘在岩石或树枝上。蜈蚣的卵通常会在两周内孵化出幼虫，幼虫经过数次蜕皮后才成长为成年蜈蚣。

杀人蜂

SHA REN FENG

杀人蜂是一种植食动物，可以在野外大量繁殖，攻击人畜，科学家认为杀人蜂生活在非洲，那里的天敌很多，如果不主动发起进攻，就会被其他动物消灭。在艰难的生存环境中，经过自然选择，那些富有进攻性的群蜂得以生存下来，繁殖后代。它们成群结队，来势凶猛，许多动物见了，闻风而逃，就连狮子也无法对付它们。

杀人蜂种群很大，变异能力也很强，假如长期使用化学农药，造成它们本身的抗性增加，可能会影响它的毒性。事实上，这些杀人蜂也是对自然环境和生态建设有益的昆虫，由于它们往往以森林中的各种害虫为食，因此对防治森林病虫害有很大作用。伤人不眨眼，同时也是森林农田的卫士，杀人蜂这种“双重身份”使人们对自然界的法则有了新的认识。

霸王龙

Tyrannosaurus

生活时期： 白垩纪晚期
栖 息 地： 北美洲
栖息环境： 丘陵、森林
食　　物： 肉类
种　　类： 兽脚类

霸王龙是已知最大的一种陆生肉食性恐龙。霸王龙位于白垩纪晚期的食物链顶端，它们拥有一对椭圆形的眼眶，脖子短而粗壮。霸王龙仅靠后肢支撑身体，可见这巨大的后肢能够承受惊人的重量和剧烈的动作。三角龙与著名的霸王龙生活在同一环境，于是大家认为它俩是一对相爱相杀的小伙伴，霸王龙会捕食三角龙，三角龙也能反杀霸王龙，而真实的情况是霸王龙是三角龙的天敌，霸王龙的演化轨迹表明它们正是为了捕杀大型角龙类而生，它们可是将三角龙作为主食的。

剑　龙

Stegosaurus

生活时期： 侏罗纪中晚期

栖 息 地： 亚洲、欧洲、北美洲

栖息环境： 河湖、丛林

食　　物： 低矮植物的嫩叶

种　　类： 剑龙类

剑龙是众所周知的恐龙，也是剑龙类恐龙中最大的成员，但也有可能是最笨的一个。剑龙的身体和一头非洲象差不多大，约有9米长，但它的大脑却只有一颗核桃般大小，因此古生物学家猜测，剑龙可能是恐龙王国中大脑最小的恐龙。

清代云龙人物纹转心象牙球

清代透雕象牙球
国家一级文物
禁止出国（境）展览文物

清代云龙人物纹转心象牙球全高52.2厘米，上为一直径12.9厘米的大球，镂雕祥云缭绕，十余条健龙或藏头露尾、或藏尾露首穿行于云层之间。大球内分层透雕21个小球，球球相套，每一层球都可以转动。承托象牙球的是三节台柱，即一个圆柱形的牙雕件、一个略小的牙雕转心球和底座的一个牙雕人物。该工艺品为象牙制作而成，十分珍贵。

马踏飞燕

东汉青铜艺术的精品
国家一级文物
首批禁止出国（境）展览文物

马踏飞燕于1969年出土于甘肃省武威市雷台汉墓，又名铜奔马、马超龙雀等。马踏飞燕塑造的是一匹奔跑的骏马踏在一只燕子身上的造型，其意在于形容这匹马的矫健。铜奔马身长45厘米，高34.5厘米，宽13厘米，重7150克，形象雄健轻灵，神采飞扬。奔马昂首鸣叫，三足腾空，飞驰向前，一足踏在一只疾驰的飞燕背上，飞燕则吃惊地回过头来观望，看到底发生了什么事。其铸造工艺为分范合铸，即分别铸造马身、马腿以及蹄下飞鸟等部分，再合铸完成整体造型，铸造工艺在当时非常先进。马踏飞燕中整匹马的重量都集中在一只疾驰的飞燕身上，创作者准确地掌握了力学平衡原理，显示出高超的工艺水平。整个作品构思巧妙，极具浪漫色彩，传神地塑造了一匹正在“天马行空”地奔跑的骏马形象。

毛毛虫

MAO MAO CHONG

毛毛虫一般指蝶类和蛾类的幼虫。毛毛虫有洋辣子、刺毛虫、松毛虫等。

毛毛虫体形较小，身体呈圆柱形，头两侧长着 6 只黑色圆点状的眼睛，拥有 3 对胸足，5 对腹足，整个身体分为 13 节，触角较短，颚强壮；体表还附着一层刚毛，所以被称作毛毛虫。大多数毛毛虫体表都具有毒性，人碰到的话皮肤会红肿。

有的毛毛虫色泽美丽，具有很强的观赏性；有的毛毛虫色泽丑陋，令人避之不及。

毛毛虫一般喜欢在草地或树上爬行，行动迟缓，善于伪装和防卫。

毛毛虫位于食物链的底层，除了是鸟类的食物外，还是蜘蛛、螳螂等捕食性昆虫的食物来源和寄生蜂、寄生蝇的宿主。因此，毛毛虫在自然环境能够生存下来，必然练就了一身绝活。

竹节虫

ZHU JIE CHONG

竹节虫的种类很多，体长一般为 10 厘米，最长可达 50 厘米，是世界上最长的昆虫；体色各异，多为绿色或暗棕色；头不大，前端有一对丝状触角，为咀嚼式口器，身体和腿部细如竹节；前翅革质，很短；后翅膜质，层叠于前翅之下，飞翔时展开；部分种类的翅已完全退化，但后肢发达，善于跳跃。

竹节虫一般都生长在竹林或其他树林里，白天晚上都会活动，大多数傍晚活动较多。竹节虫以灌木或乔木的树叶汁液为食，被竹节虫啃食过后的植物，通常会出现病态化，或感染病菌而死亡。

竹节虫繁殖能力强，数量多，所以竹节虫是森林害虫，尤其到了繁殖季节，竹节虫会毁掉大批树木，因此又被称为“森林魔鬼”。

竹节虫是不完全变态昆虫，一生要经过卵、若虫和成虫三个时期。成虫的寿命很短，一般 3 ~ 6 个月。

重爪龙

Baryonyx

生活时期： 白垩纪早期

栖 息 地： 英国、西班牙、尼日尔

栖息环境： 靠近水源的地方

食　　物： 鱼类

种　　类： 兽脚类

古生物学家通过研究重爪龙的化石发现，重爪龙的拇指上长着一个像钩子一样锋利的大爪，是迄今为止人们发现的最大的恐爪龙。重爪龙的脖子僵硬，尾巴细长，头部扁长，嘴巴的前半部又宽又圆，有点儿像现在鳄鱼的头部。研究发现，重爪龙以鱼为主食，腐肉为辅食，它们可能生活在水边，用可怕的利爪来捕食鱼类。

迷惑龙

Apatosaurus

生活时期： 侏罗纪晚期
栖 息 地： 北美洲
栖息环境： 平原、森林
食　　物： 树叶、树枝
种　　类： 蜥脚类

古生物学家觉得迷惑龙走路的声音就像打雷一样，因此也管它们叫“雷龙”。迷惑龙是一种大型植食性恐龙，它们的食量很大，需要不断地迁徙以寻找食物。迷惑龙主要吃羊齿类和苏铁类植物，它们进嘴的食物几乎不用咀嚼就直接被送到了胃里。迷惑龙的四肢非常粗壮，好像四根高大的柱子，后肢比前肢长很多，可能便于迷惑龙用后肢站立，去摘取高处的植物。

西汉偏将军印章

珍贵的两汉金印

西汉偏将军印章于1982年被重庆市民刘定全在嘉陵江边拾得，捐赠给重庆市博物馆收藏。此印系龟纽方形金印，通高2厘米，纽高1.2厘米，边长2.4厘米，重108.95克，含金量为96%，底座刻有阴文篆书“偏将军印章”五个字，是一方汉代官印。根据文献记载，汉代丞相、列侯、将军等，可用金龟印章。而这枚印章，就是汉代偏将军使用的金龟印。两汉金印仅存15枚，为稀罕之物，至为珍贵。

太阳神鸟金饰

商周时期的金饰
国家一级文物
禁止出国（境）展览文物

太阳神鸟金饰于2001年出土于成都近郊的金沙村，是商周时期的金器。太阳神鸟金饰外径12.53厘米，内径5.29厘米，厚度0.02厘米，重量20克，含金量高达94.2%，呈圆形，器身极薄，整体上似一幅现代剪纸作品。内层是一个圆圈，周围等距分布有十二条旋转的齿状光芒，好像太阳的光辉。外层图案围绕在内层图案周围，是四只逆时针飞行的首尾相连的神鸟。该器物是古蜀国黄金工艺的代表。

蝗 虫

HUANG CHONG

蝗虫，又叫蚱蜢、蚂蚱，世界上有 10000 多种，分布在热带、温带的草地和沙漠地区。

蝗虫体长为 3 ~ 5 厘米，外骨骼坚硬，体色为绿色或褐色，有时也会根据环境的不同而发生改变，是生活环境的保护色；口器为咀嚼式口器，以植物为食；触角呈短鞭状。

胸部是蝗虫的运动中心，分为前胸、中胸和后胸，并各生一对足。它的后腿粗壮有力，可跳出比身体长数十倍的距离，所以它可利用弹跳来避开天敌。前翅狭长、革质，覆盖于后翅上，起保护作用；后翅宽大、膜质、柔软，常折叠在前翅之下，飞行时展开，是适于飞翔的器官。

蝗虫是不完全变态昆虫，一生要经历卵、若虫、成虫三个阶段。卵孵化出幼虫大约需要 21 天。刚孵出的幼虫叫若虫，身体较小，体色较淡，没有翅，能够跳跃。若虫逐渐长大，当受到外骨骼的限制时，就会脱掉原来的外骨胳，这叫蜕皮。若虫到能飞的成虫要蜕皮五次。

螳 螂

TANG LANG

螳螂，又叫刀螂。体长 55 ~ 105 毫米，体色以绿色、褐色为主；头呈三角形，能灵活转动；复眼突出，大而明亮；触角细长；颈可自由转动；咀嚼式口器，上颚强劲。前足腿节和胫节有利刺，胫节镰刀状，常向腿节折叠，形成可以捕捉猎物的前足；前翅皮质，为覆翅，缺前缘域，后翅膜质，臀域发达，扇状，休息时叠于背上；腹部肥大；前足为捕捉足，中、后足适于步行。

螳螂属肉食性昆虫，成虫与幼虫均为捕食性，主要捕食一些苍蝇、蝗虫、蚊子和飞蛾等小型昆虫，是著名的农林业益虫。

螳螂一旦发现猎物，就如箭一般射出，猛扑猎物，捕获过程大约只需要 0.5 秒钟，而且从不扑空，因此螳螂又被称为“捕虫神刀手”。螳螂有趋光性，在路灯下经常能看到螳螂。

马门溪龙

Mamenchisaurus

生活时期： 侏罗纪晚期

栖 息 地： 中国

栖息环境： 森林

食　　物： 树叶和嫩枝

种　　类： 蜥脚类

马门溪龙因化石发现于中国四川宜宾马门溪而得名，是一种巨型蜥脚类恐龙，生活在侏罗纪晚期，主要分布在我国新疆、甘肃、四川和云南等地，是最大、最长的恐龙之一，身长可达30米。

马门溪龙拥有长长的脖子和尾巴，身体则相对较短，能够觅食高处的树叶和嫩枝。它的脖子颈椎数量通常为19～25节，背椎有12个，其脖子长度相当于体长的一半。它的头部较小，四肢粗壮，足爪底部有体积较大的承重板，能够承受恐龙庞大的体重。

马门溪龙只吃植物，嘴里长满了漂亮的勺子状的牙齿，但功能不是为了咀嚼。为了消化，它们会吃下石子，帮助研磨坚韧的植物纤维。

嗜鸟龙

Ornitholestes

生活时期： 侏罗纪晚期
栖 息 地： 北美洲
栖息环境： 森林
食　　物： 蜥蜴、小型幼年恐龙
种　　类： 兽脚类

嗜鸟龙是一种小型的肉食性恐龙，生存于侏罗纪晚期的劳亚大陆西部，大约是现在的北美洲。科学家最初为嗜鸟龙取名时，认为它的速度很快，完全有能力吃掉始祖鸟，而且它与始祖鸟生活的时代大致相同，故而得名。

嗜鸟龙的外形酷似鸟类，嘴巴呈尖锐的鸟喙状。全长1.8~2米，臀高0.4米。尾巴占身长的一半以上，体重15~35千克。常以蜥蜴、小型幼年恐龙为食，有时会一大群一起狩猎，没有食物时会吃腐肉。颈部修长，呈S形，肌肉发达。脑袋不大，但很坚固，视力超常。前肢长而健壮，第三个小手指能像人类的拇指那样向内弯曲，另外两个手指特别长，适合抓住猎物。后肢坚韧，长而有力，跑起来很快，可以快速地追捕猎物，也能逃避那些狂怒的大恐龙。

嗜鸟龙化石是1900年在美国怀俄明州被发现的。

金代铜坐龙

我国出土的第一件金代铜坐龙

国家一级文物

禁止出国（境）展览文物

金代铜坐龙于1965年出土于黑龙江省哈尔滨市阿城区白城金上京会宁府遗址，现被黑龙江省博物馆收藏。这件铜坐龙为金代早中期皇室御用器物，用黄铜铸造，通高19.6厘米，重2100克，因其爪是金朝所特有的三爪，在中国龙文化中独树一帜。坐龙昂首张口似长吟，肩微前弓，前左腿翘起，其爪飞踏瑞云。它集四种动物特征于一体：龙头、犬身、麒麟背、狮尾。

陶鹰鼎

新石器时代后期仰韶文化陶器

禁止出国（境）展览文物

1957年出土于陕西省华县太平庄，现收藏于中国国家博物馆。

陶鹰鼎高35.8厘米，口径23.3厘米，最大腹径32厘米，采用伫足站立的雄鹰造型，鹰的双目圆睁，周身光洁未加纹饰，喙部有力呈钩状。鼎口设置于背部与两翼之间，将鼎形器物特征与鹰的动物美感巧妙地融为一体。

新石器时代陶鹰鼎是原始艺术与实用功能完美结合的典范，是远古时期不可多得的雕塑艺术珍品。

蜘 蛛

ZHI ZHU

蜘蛛是一种普遍存在于地球上的节肢动物，属于蛛形纲。据估计，目前已知的蜘蛛品种有 35000 种，每一种都有其独特的特征和习性。

蜘蛛的身体结构非常特殊，它们的头胸部和腹部明显分开，并且腹部通常有吐丝的器官。这些器官产生的丝非常坚韧，可以用来制造蜘蛛网、包裹猎物和移动身体。一些蜘蛛甚至能够根据需要产生不同类型的丝，例如黏性更强的丝用于捕捉昆虫，而更结实的丝则用于构建支撑结构。

蜘蛛的食性也非常多样化，有的蜘蛛是捕食昆虫的肉食者，有的蜘蛛则以花粉、蜜露和果汁为食，甚至有的蜘蛛是植食动物，以植物的汁液为食。不过大部分蜘蛛都是捕食者，它们使用网、地洞、叶片和树皮等多种不同的方式来捕捉猎物。

蠼螋

QU SOU

蠼螋，身长 3 厘米左右，身体狭长，略扁平；头扁宽，触角丝状；无单眼，咀嚼式口器；前胸背板发达，方形或长方形；体表革质，有光泽；有的长翅膀，有的不长翅膀；腹部伸缩自如，末端有尾夹，是杂食性昆虫。

蠼螋喜欢潮湿阴暗的环境，它们通常生活在树皮缝隙、枯朽腐木中或落叶堆下。有时会在厕所或厨房比较潮湿的地方看到它们。蠼螋昼伏夜出，有趋光性，所以，晚上要关好门窗，以防它们飞进来。

蠼螋无毒，也不主动攻击，腹部末端的尾夹长得像剪刀一样，是它的防卫武器。受到惊吓时，它们常反举腹部，张开双夹示威，如果敌人还不退缩，它就会装死不动，或放出臭气驱敌。

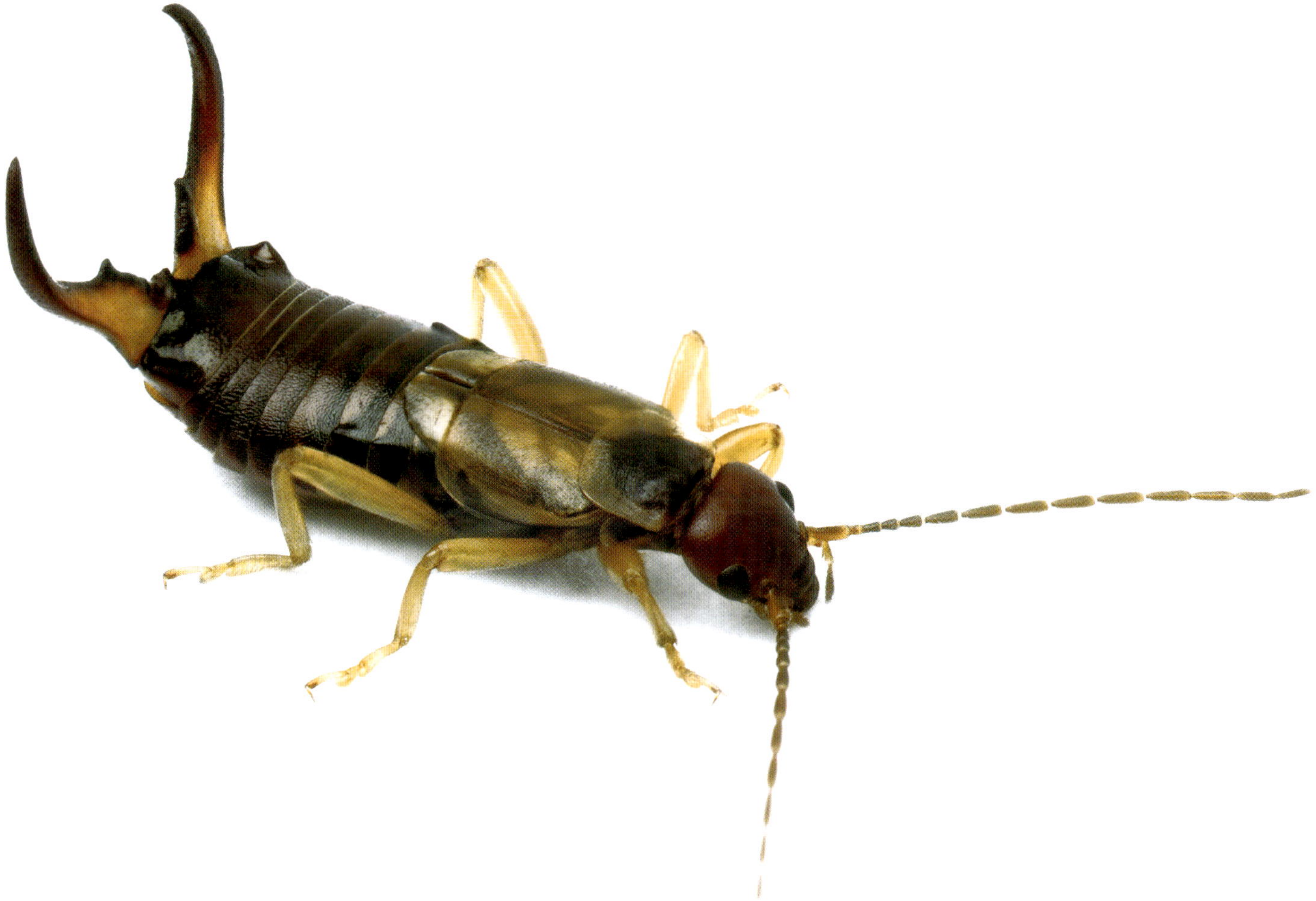

蜀　龙

Shunosaurus

生活时期： 侏罗纪中期

栖 息 地： 中国

栖息环境： 河畔或湖滨地带

食　　物： 柔嫩多汁的植物、低矮的树木枝叶

种　　类： 蜥脚类

蜀龙的化石发现于我国四川省，由于四川古名为“蜀”而得名。蜀龙属于原始蜥脚类恐龙，没有完全进化出庞大的体形。

蜀龙体形中等，与其他蜥脚类恐龙相比，蜀龙的颈部更短。身长约12米，高度可达3~4米。身体笨重，用四肢行走，尾巴上的大尾锤是它主要的防御武器。

蜀龙行动缓慢，喜群居，主要生活在河畔或湖滨地带，由于牙齿呈树叶状，边缘没有锯齿，只能以柔嫩多汁的植物或低矮的树木枝叶为食。

斑　龙

Megalosaurus

生活时期： 侏罗纪中期

栖 息 地： 英格兰南部、法国、葡萄牙

栖息环境： 草原或森林边缘

食　　物： 肉类

种　　类： 兽脚类

斑龙，又名巨龙、巨齿龙，是一种大型肉食性兽脚类恐龙。

斑龙的头部很长，上下颌强健有力，嘴里长着巨大弯曲的牙齿，牙齿顶端有锯齿，用于咬食新鲜的猎物。颈部厚实，前肢短小健壮，后肢强壮有力，手指和脚趾头上都长着尖利的爪子，能够随时攻击大型的植食恐龙。用后肢行走，行进速度约为7千米/时。

斑龙是第一种被科学地描述和命名的恐龙。1676年，在英国牛津市附近的一处石灰岩采石场，发现了部分斑龙骨头。目前虽然已挖掘出了许多斑龙化石，但没有发现完整的骨骸，所以斑龙的很多细节仍无法确定。

红山玉龙

新石器时代玉器

禁止出国（境）展览文物

红山玉龙是新石器时代玉器，1971年出土于内蒙古自治区赤峰市翁牛特旗，现收藏于中国国家博物馆。

红山玉龙高26厘米，直径2.3～2.9厘米，完整无缺，体蜷曲，呈“C”字形。吻前伸，略向上弯曲，嘴紧闭，有对称的双鼻孔，双眼突起呈棱形，有鬣。龙背有对称的单孔。龙身大部光素无纹，只在额及颚底刻以细密的方格网状纹，网格突起作规整的小菱形。

红山玉龙由墨绿色的岫岩玉雕琢而成，周身光洁，头部长吻修目，鬣鬃飞扬，躯体卷曲若钩，造型生动，雕琢精美，被誉为“三星塔拉红山文化玉龙”，也称为“中华第一龙”。

嵌绿松石象牙杯

商晚期牙雕
禁止出国（境）展览文物

1976年在河南省安阳市殷墟妇好墓出土，现收藏于中国社会科学院考古研究所。

嵌绿松石象牙杯是当时的饮酒器。杯的主体是用象牙的根部制作而成的，腹腰中空。牙质作米黄色。高30.5厘米，口径11.2厘米，口壁厚0.1厘米。上部敞口唇薄，中部微有收敛，腹腔下部安有圆形底，底部比口部稍小，杯身嵌有绿松石。杯身似觚，圆口薄唇，中腰微束，底较小，装鋬（pàn）处有上下相对的小孔，口、颈、腹、足各饰兽面纹三组，在兽面纹的眼、眉、鼻或尾上各镶嵌有绿松石片，均以雷纹为地。鋬作夔龙形，龙头向上，眼睛镶嵌绿松石。宽尾，尾垂至杯底，同样以雷纹为地。在龙背中部雕一突出的兽头，双角竖起，眼睛和眉毛均镶嵌绿松石。鋬上有上下相对的小圆榫，插入杯身，制作精致，纹饰繁缛。

嵌绿松石象牙杯器体高大，图案富丽，工艺精巧，体现了商代象牙雕刻工艺的卓越技巧，显示了古代匠人的工艺才能，为中国古代工艺美术史增添了新的光辉。

象鼻虫

XIANG BI CHONG

象鼻虫体长 0.1~10 厘米。其中鼻子占了身体的一半。看到这类昆虫令人不由得想起大象的长鼻子，因为它们的口吻很长，所以被人们称为象鼻虫。不过可别把长型的口吻当成象鼻虫的鼻子，何况看生于末端的并不是鼻子，而是它们用以嚼食食物的口器。

象鼻虫的雌虫在产卵前，往往会以吻端之口器在植物之组织上钻一管状洞穴或横裂，然后再把卵产于组织内，有部分种类能以孤雌生殖方式繁衍后代。

在秋天，象鼻虫开始冬眠，直到春天来临。不幸的是，大约 95% 的象鼻虫会在冬天死亡。

虎甲

HU JIA

虎甲是鞘翅目虎甲科昆虫的统称，大多分布在亚热带或热带地区，甲壳色彩鲜艳，常见于有阳光的道路上或沙地。

虎甲的成虫、幼虫均为捕食性，捕食范围比较广，多半是农业害虫，如蝗虫、蚂蚱、蝼蛄、蟋蟀、蜘蛛等及各种害虫的小幼虫、较大的卵块和蛹等。

虎甲成虫在阳光下最活跃，有时停在路面上或作短距离低飞。白天大部分时间它都在四处追赶猎物。它抓住猎物后，会用长颚狠咬猎物。

虎甲是一种非常贪玩的昆虫。在路面上，当它与人相遇时，它就停在行人前面 3 ~ 5 米处，并不急于逃走，反而头朝向行人，有一种挑衅的感觉。当行人想靠近捕捉它时，它会快速低飞后退，就像跟人闹着玩一样，它总是挡在人的前面，所以又被称为“拦路虎”。

始盗龙

Eoraptor

生活时期： 三叠纪晚期
栖 息 地： 阿根廷
栖息环境： 河畔或湖滨地带
食　　物： 肉类
种　　类： 兽脚类

始盗龙是小型肉食动物，长约1米，重约10千克。前肢的长度只是后肢的一半。每只手都有五指，其中最长的三根手指都有爪，用来捕捉猎物，第四及第五指小，用后肢行走。

始盗龙能够快速短跑，当捕捉猎物后，会用指爪及牙齿撕开猎物，主要吃小型的动物。有趣的是，在始盗龙的嘴里，后面的牙齿像有凹槽的牛排刀，这与其他肉食恐龙相似；但门牙呈叶状，与其他植食恐龙相似。这些特征表明，始盗龙很可能是从植食性恐龙进化而来的。

1993年，始盗龙化石被发现于阿根廷西北部的伊斯巨拉斯托盆地。

甲　龙

Ankylosaurus

生活时期： 白垩纪晚期
栖 息 地： 北美洲
栖息环境： 森林
食　　物： 嫩枝叶或多汁的根茎
种　　类： 甲龙类

甲龙有“活坦克”之称。甲龙体形巨大，躯体扁平，几乎全身被甲骨覆盖，看上去十分笨重，从颈部到尾部还有一排排骨质尖刺，而且头部后侧有一对角，四条腿都是短的，脖子也很短，脑袋是宽宽的，后肢比前肢长，只能用四肢在地上缓慢爬行，因此看上去有点儿像坦克，也有人管它叫“坦克龙”。甲龙的尾巴末端有一个大大的骨槌，像高尔夫球棒一样，可以快速挥动，这是甲龙的武器。

鎏金铜牛

西夏青铜文物
国家一级文物

1977年，鎏金铜牛出土于宁夏银川贺兰山西夏陵区西夏王陵177号陪葬墓中，现收藏于宁夏博物馆。

鎏金铜牛，青铜质，长1.2米、宽0.38米、高0.45米，重188千克。牛身横卧，两眼圆睁，头顶两角，角度优美，体态健壮，连中间脊背也隐约可见。

模制浇铸成型，内空心，腹中尚残留铁砂内模。外表鎏金，出土时部分鎏金已脱落。这只铜牛具有很高的欣赏价值，从铸造工艺上也表现出当时西夏青铜制造的高超水平。

铜牛造型生动，形象逼真。为研究西夏时代的冶金工艺和雕塑史提供了重要资料，也说明了牛和牛耕在西夏农业生产中的重要地位，为西夏农耕化的过程提供了实物佐证。

四羊方尊

商代晚期用于祭祀的青铜礼器
国家一级文物

四羊方尊于1938年出土于炭河里遗址。方尊的每条边长52.4厘米，高58.3厘米，肩部、腹部与足部作为一体被巧妙地设计成四只卷角羊，羊头和羊颈向外伸展，羊身和羊腿在尊的腹部和圈足上。整个器物用块范法浇铸，一气呵成，巧夺天工，显示了高超的铸造水平，被史学界称为“臻于极致的青铜典范”。

图书在版编目（CIP）数据

神奇百科魔法书 / 魔光童书编著 . -- 长春：吉林出版集团股份有限公司，2024.1
ISBN 978-7-5731-4457-7

Ⅰ . ①神… Ⅱ . ①魔… Ⅲ . ①科学知识 – 儿童读物 Ⅳ . ① Z228.1

中国国家版本馆 CIP 数据核字（2023）第 200232 号

SHENQI BAIKE MOFA SHU
神奇百科魔法书

编　　著：魔光童书
出版策划：崔文辉
选题策划：郝秋月　赵晓星
责任编辑：徐巧智

出　　版：吉林出版集团股份有限公司
（长春市福祉大路 5788 号，邮政编码：130118）
发　　行：吉林出版集团译文图书经营有限公司
电　　话：总编办 0431–81629909
营销部 0431–81629880 / 81629881
印　　刷：廊坊市伍福印刷有限公司
开　　本：889mm × 1194mm　1/20
印　　张：4.8
字　　数：60 千字
版　　次：2024 年 1 月第 1 版
印　　次：2024 年 1 月第 1 次印刷
书　　号：ISBN 978-7-5731-4457-7
定　　价：69.00 元